Verbinde die Zahlen von 1 bis 30.
Beginne bei 1.

Schreibe die große 1 in vielen bunten Farben nach. Achte auf die Pfeilrichtung.

eins

Übe hier **1**.

Schreibe die große 2 in vielen bunten Farben nach. Achte auf die Pfeilrichtung.

zwei

Übe hier **2**.

2				

Schreibe die 3 in vielen bunten Farben nach.
Achte auf die Pfeilrichtung.

drei **3**

Hier kannst du **3** üben.

3				

Schreibe die 4 bunt nach. Achte auf die Pfeilrichtung.

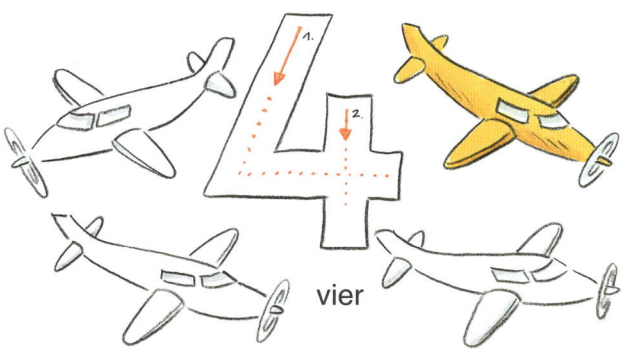

vier

Übe hier **4**.

4

Kannst du auch die fünf bunt nachschreiben?
Achte auf die Pfeilrichtung.

fünf

Übe hier **5**.

5				

Zu jeder Zahl passen ein Würfel und eine Menge. Verbinde, was zusammengehört.

2

5

3

1

4

2

5

4

☐ = 👤👤👤 (2 + 3 figures)

☐ = ✏️✏️✏️ + ✏️ (pencils)

☐ = 🔲🔲 + 🔲🔲 (tables)

☐ = 🌼🌼🌼 + 🌼🌼 (flowers)

☐ = 🐰 + 🐰🐰🐰🐰 (rabbits)

Kannst du schon rechnen?
Schreibe das Ergebnis als Zahl.

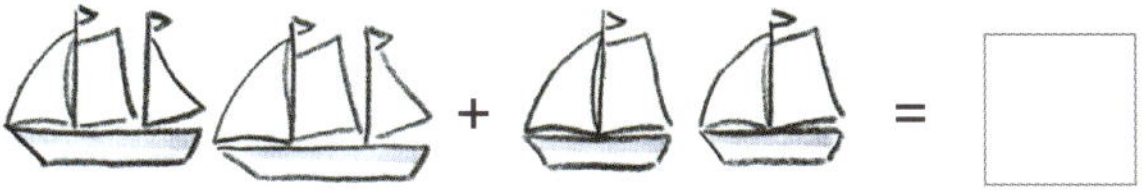

Schreibe die große 6 bunt nach. Achte auf die Pfeilrichtung.

sechs

Übe hier **6**.

6

| 4 |
| 5 |
| 6 |
| 6 |
| 4 |
| 5 |

Zähle die Tiere und verbinde jedes Bild
mit der passenden Zahl.

Schreibe die große 7 bunt nach. Achte auf die Pfeilrichtung.

sieben

1.
2.

Übe hier 7.

7

Verbinde jede Menge mit der passenden Zahl.

1

3

5

7

2

4

6

0

Schreibe die große 8 bunt nach. Achte auf die Pfeilrichtung.

acht

Schreibe hier **8**.

8				

neun

Schreibe die große 9 bunt nach. Achte auf die Pfeilrichtung.

Zähle die Würfelpunkte zusammen. Schreibe
das Ergebnis als Zahl.

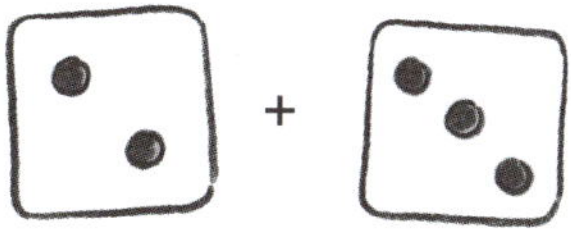

$+$ $=$ $\boxed{5}$

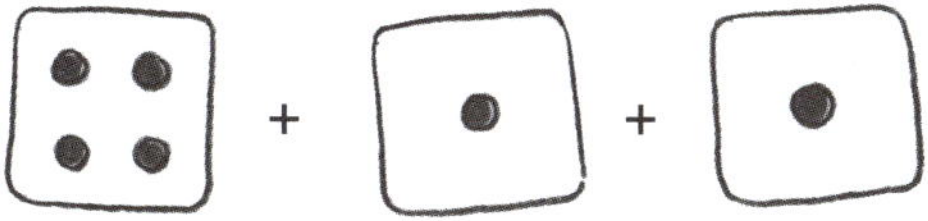

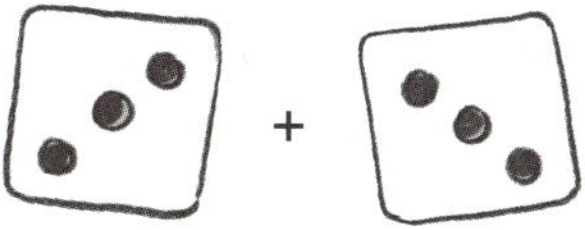

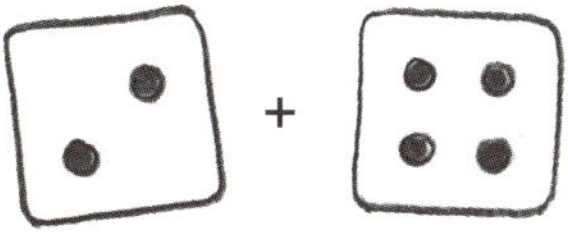

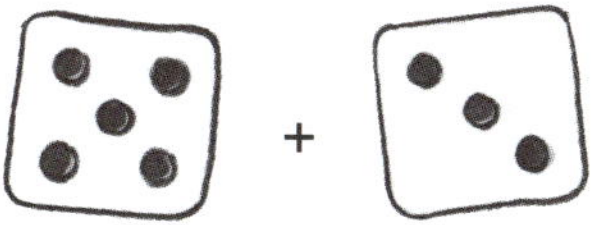

$+$ $+$ $=$ $\boxed{}$

$+$ $=$ $\boxed{}$

$+$ $=$ $\boxed{}$

$+$ $=$ $\boxed{}$

Male alle Bilder an, auf denen du 9 Dinge siehst.

Kreise alle **9** ein.

8 7 6 9
5 4 9 9
1 3 6 9
4 1 5 7
6 9 9 7

Zähle die Tiere und kreise die richtige Zahl ein.

8	4	5
6	7	3

8	6	3
4	5	2

1	2	4
6	8	5

8	1	3
6	7	5

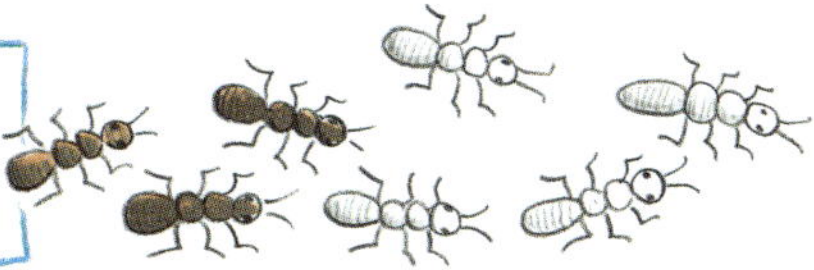

3	2	8
6	4	5

7	5	8
6	3	4

Schreibe die große 10 bunt nach. Achte auf die Pfeilrichtung.

zehn

Übe hier **10**.

10		

Schreibe die Zahlen bunt nach.

Verbinde die Zahlen von 1 bis 10 und male das Bild an.

Zähle und verbinde jedes Bild mit der passenden Zahl.

10

5

8

9

7

10

4

6

Findest du die passenden Plusaufgaben?
Schreibe sie auf und rechne.

 | 2 | + | 1 | = | 3 |

 | 3 | + | | = | |

| | + | | = | |

| | + | | = | |

| | + | | = | |

| | + | | = | |

Erkennst du auf einen Blick, wie viele Punkte
es jeweils sind? Trage die Zahlen ein.

| 12 |

Findest du die passenden Aufgaben?
Schreibe sie auf und rechne aus.

$$4 + 3 = 7$$

$$6 + = $$

$$7 + = $$

$$5 + = $$

$$5 + = $$

Schreibe die Zahlen bunt nach und übe in den Rechenkästchen.

1	1		

Schreibe die Zahlen bunt nach und übe in den
Rechenkästchen.

1	6		

16

17

18

19

20

Findest du die Tiere? Zähle sie und
schreibe die passenden Zahlen unten auf.

Verbinde die Punkte von 1 bis 20.
Male das Bild an.

Verbinde jede Menge mit der passenden Zahl.

11
12
13
14
15
16
17
18
19
20

Trage die fehlenden Zahlen auf den
Zahlenbändern ein.

| 11 | 12 | | | | |

| | 17 | 18 | | | |

| | | | 19 | 20 |

| 9 | 10 | | | | |

| 15 | 16 | | | |

| 10 | 11 | 12 | | |

| | | | 14 | 15 |

| 17 | | | 20 |

| | 11 | | | 14 |

Jedem Hund gehört ein Würstchen. Male das, was zusammenpasst, in der gleichen Farbe an.

10 + 2

16

14

10 + 8

10 + 5

17

12

10 + 7

15

10 + 6

10 + 4

18

Linus sucht Glücksklee. Male Kleeblätter
mit vier Blättern grün an.

Verbinde jede Zahl mit dem passenden Würfel.

4

2

5

3

1

Schreibe neben die Bilder die passende Zahl.

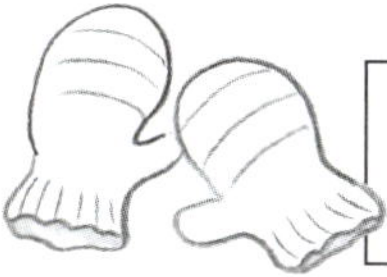

2	2	2

In welchem Topf sind 4 Blumen?
Male ihn an.

Was fliegt denn da? Verbinde die Zahlen von
1 bis 33. Beginne bei 1.

Wie oft kannst du hier die 4 entdecken?
Kreise sie ein.

7 ④ 8 3 4 6

3 1 2 7 4 2

4 4 7

2 4 4 3 2 5

5 2 3

4 5 4 1 3 6

Zähle und schreibe die passende Zahl auf.

| 1 | | | | | |

Übe die Zahlen.

 6

 7

 8

Ergänze die Punkte und trage die richtigen
Zahlen ein.

Zähle und male die Punkte an.

○ ○ ○ ○ ○
○   6

○ ○ ○ ○ ○
○ ○   7

○ ○ ○ ○ ○
○ ○ ○   8

○ ○ ○ ○ ○
○ ○ ○ ○   9

○ ○ ○ ○ ○
○ ○ ○ ○ ○   10

		10

9

Übe die Zahlen.

Setze das fehlende Zeichen ein.

7 > 3

2 ☐ 1

5 < 9

8 ☐ 4

4 ☐ 10

10 ☐ 8

2 ☐ 9

ist kleiner

Setze das fehlende Zeichen ein.

> ist größer

10 ☐ 3   8 ☐ 6

8 ☐ 9   7 ☐ 4

4 ☐ 7   5 ☐ 3

10 ☐ 6   1 ☐ 10

Löse die Aufgaben.

	6	+	2	=		
	7	+	3	=		
	5	+	3	=		
	4	+	2	=		

Löse die Aufgaben.

6 + 3 =

5 + 4 =

2 + 6 =

4 + 4 =

6 + 1 =

Klebe die fehlenden Sticker ein und ergänze
die fehlenden Zahlen.

$6 + = 10$

$7 + = 10$

$5 + = 10$

$9 + = 10$

$2 + = 10$

Findest du heraus, welche Zahlen fehlen?
Trage sie ein.

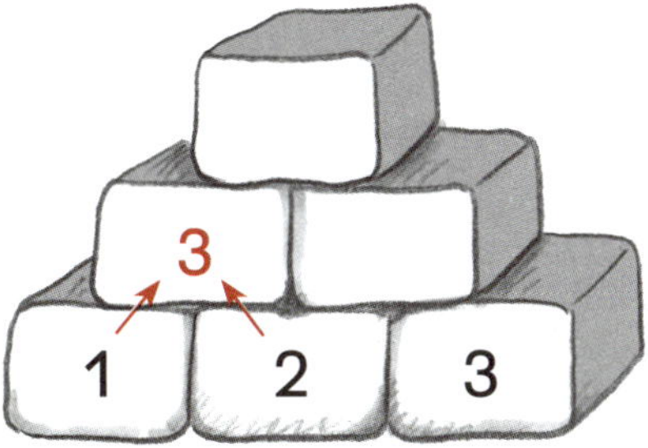

3

1   2   3

3   3   1

Streiche die passende Anzahl Autos weg und löse die Aufgaben.

$5 - 3 =$

$5 - 2 =$

$3 - 1 =$

$5 - 4 =$

$4 - 3 =$

Löse die Aufgaben. Klebe die passenden
Sticker auf.

5	−	1	=	
3	−	2	=	
4	−	3	=	

Streiche die passende Anzahl Hemden weg
und löse die Aufgaben.

1 0 − 4 =

9 − 5 =

7 − 3 =

1 0 − 8 =

8 − 5 =

Löse die Aufgaben.

1 0	−	7	=	3
9	−	4	=	
1 0	−	5	=	
8	−	3	=	
1 0	−	3	=	
1 0	−	6	=	
9	−	2	=	
7	−	1	=	
9	−	6	=	

Streiche die passende Anzahl Kreise weg und
löse die Aufgaben.

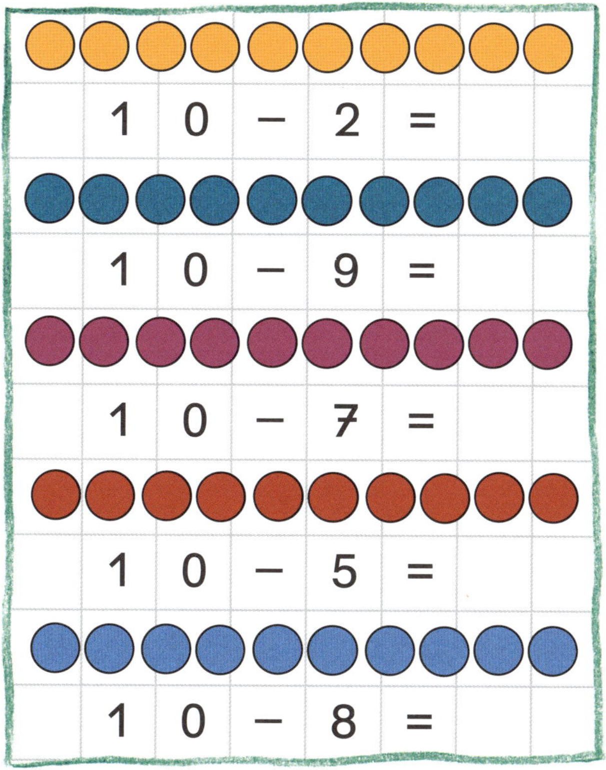

$$10 - 2 =$$

$$10 - 9 =$$

$$10 - 7 =$$

$$10 - 5 =$$

$$10 - 8 =$$

Finde zu jeder Plusaufgabe die passende Malaufgabe. Rechne die Aufgaben.

$2 + 2 + 2 + 2 =$

$4 \cdot 2 =$

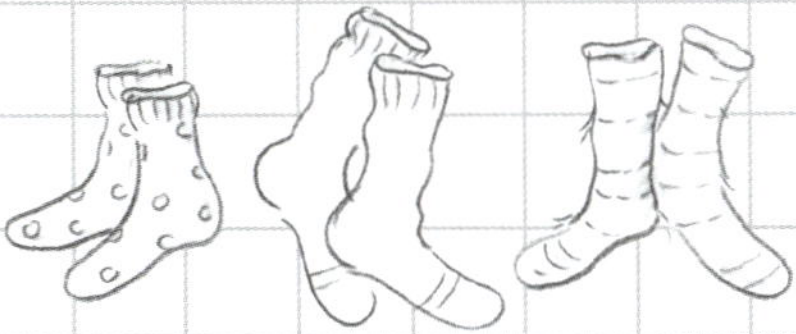

$2 + 2 + 2 =$

$\cdot 2 =$

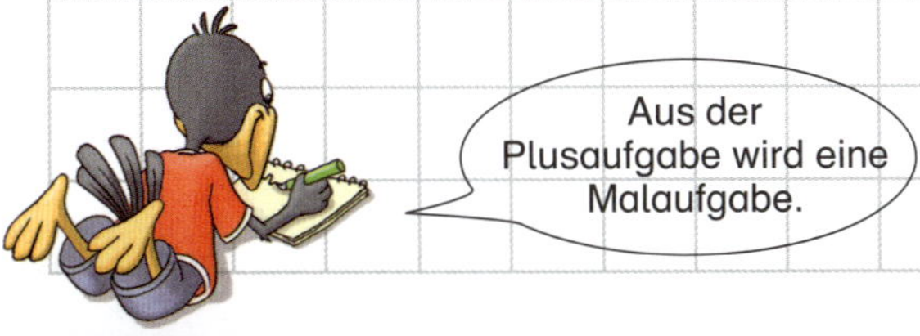

Aus der Plusaufgabe wird eine Malaufgabe.

Löse alle Aufgaben.

$1 \cdot 2 = \quad 2$

$2 \cdot 2 =$

$3 \cdot 2 =$

$4 \cdot 2 =$

$5 \cdot 2 =$

$6 \cdot 2 =$

$7 \cdot 2 =$

$8 \cdot 2 =$

$9 \cdot 2 =$

$10 \cdot 2 =$

Löse alle Aufgaben.

1 6 =	8	· 2
1 2 =		· 2
4 =		· 2
6 =		· 2
1 0 =		· 2
2 =		· 2
1 4 =		· 2
8 =		· 2
2 0 =		· 2
1 8 =		· 2

Finde zu jeder Plusaufgabe die passende Malaufgabe. Rechne die Aufgaben.

$4 + 4 + 4 =$

$3 \cdot 4 =$

$4 + 4 + 4 + 4 =$

$\cdot\ 4 =$

$1 \cdot 4 = \quad 4$

Ein Auto hat 4 Räder.

Löse alle Aufgaben.

$1 \cdot 4 = $ 4

$2 \cdot 4 = $

$3 \cdot 4 = $

$4 \cdot 4 = $

$5 \cdot 4 = $

$6 \cdot 4 = $

$7 \cdot 4 = $

$8 \cdot 4 = $

$9 \cdot 4 = $

$10 \cdot 4 = $

Finde zu jeder Plusaufgabe die passende
Malaufgabe. Rechne die Aufgaben.

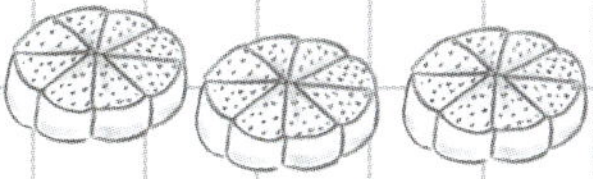

$8 + 8 + 8 =$

$3 \cdot 8 =$

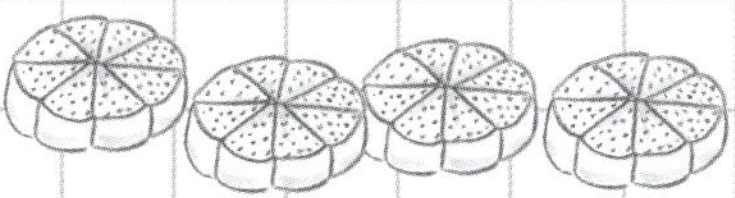

$8 + 8 + 8 + 8 =$

$\cdot \; 8 =$

Eine
Torte hat
8 Stücke.

$8 + 8 =$

$\cdot \; 8 =$

Löse alle Aufgaben.

$1 \cdot 8 =$ 8

$2 \cdot 8 =$

$3 \cdot 8 =$

$4 \cdot 8 =$

$5 \cdot 8 =$

$6 \cdot 8 =$

$7 \cdot 8 =$

$8 \cdot 8 =$

$9 \cdot 8 =$

$10 \cdot 8 =$

8   48

Schreibe die Einmaleinsreihen und male die Ergebnisfelder mit den gleichen Lösungen an.

$\cdot\, 2$	$\cdot\, 4$	$\cdot\, 4$	$\cdot\, 8$
2	4	4	8
4			
20			

Zu jedem Ergebnis gehören zwei Aufgaben.
Male zusammengehörende Felder
in der gleichen Farbe an.

2 · 8	24	5 · 8
6 · 4	12	4 · 2
6 · 2	16	8 · 2
10 · 2	20	3 · 4
8 · 4	32	3 · 8
2 · 4	40	4 · 8
10 · 4	8	5 · 4

Finde zu jeder Plusaufgabe die passende
Malaufgabe. Rechne die Aufgaben.

$5 + 5 + 5 =$

$3 \cdot 5 =$

$5 + 5 + 5 + 5 =$

$\cdot \ 5 =$

An deiner Hand
sind 5 Finger.

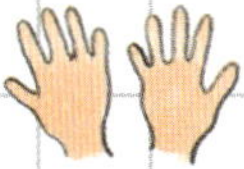

$5 + 5 =$

$\cdot \ 5 =$

Löse alle Aufgaben.

$1 \cdot 5 = \quad 5$

$2 \cdot 5 =$

$3 \cdot 5 =$

$4 \cdot 5 =$

$5 \cdot 5 =$

$6 \cdot 5 =$

$7 \cdot 5 =$

$8 \cdot 5 =$

$9 \cdot 5 =$

$10 \cdot 5 =$

Das ist ganz einfach.
Löse die Aufgaben.

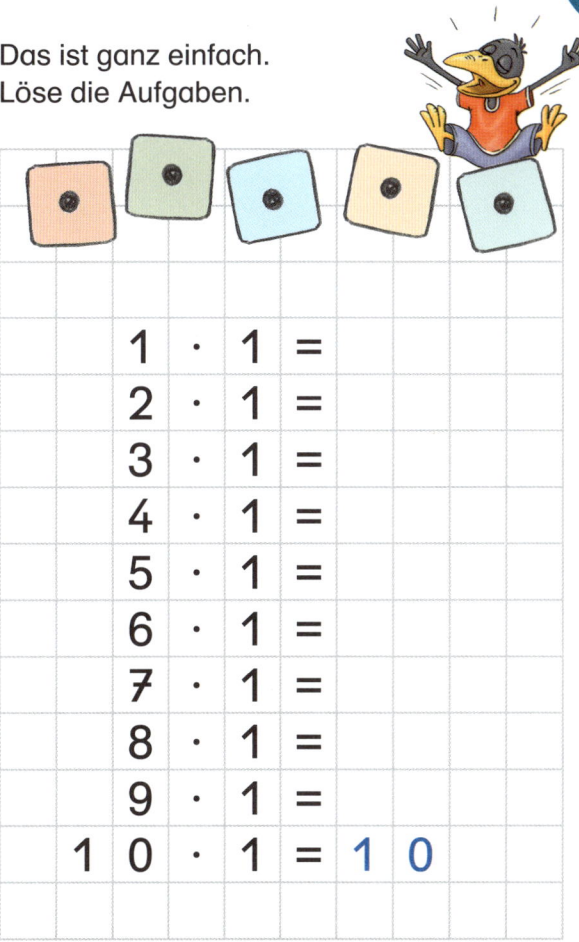

$1 \cdot 1 =$

$2 \cdot 1 =$

$3 \cdot 1 =$

$4 \cdot 1 =$

$5 \cdot 1 =$

$6 \cdot 1 =$

$7 \cdot 1 =$

$8 \cdot 1 =$

$9 \cdot 1 =$

$10 \cdot 1 = 10$

Finde zu jeder Plusaufgabe die passende Malaufgabe. Rechne die Aufgaben.

$3 + 3 + 3 + 3 =$

$\cdot\ 3 =$

Eine Ampel hat 3 Lichter.

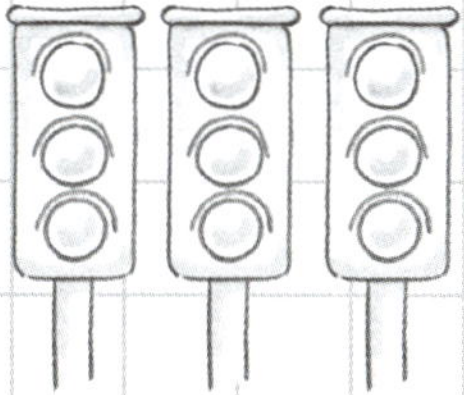

$3 + 3 + 3 =$

$\cdot\ 3 =$

Löse alle Aufgaben.

$1 \cdot 3 =$

$2 \cdot 3 =$

$3 \cdot 3 =$

$4 \cdot 3 =$

$5 \cdot 3 =$

$6 \cdot 3 =$

$7 \cdot 3 =$

$8 \cdot 3 =$

$9 \cdot 3 =$

$10 \cdot 3 =$

Finde zu jeder Plusaufgabe die passende
Malaufgabe. Rechne die Aufgaben.

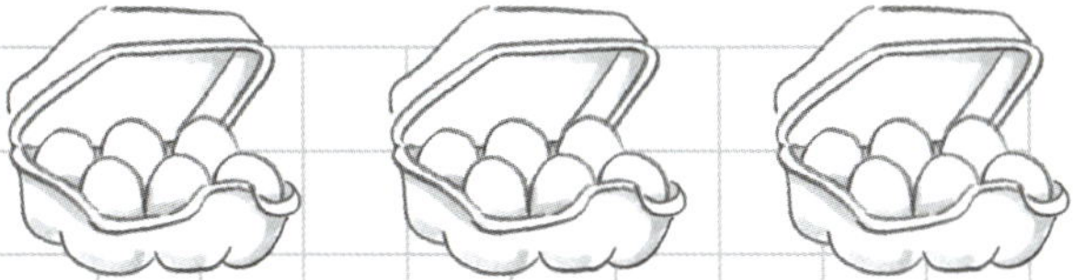

$6 + 6 + 6 =$

$\cdot\ 6 =$

$6 + 6 + 6 + 6 =$

$\cdot\ 6 =$

$6 + 6 =$

$\cdot\ 6 =$

In einem
Karton sind
6 Eier.

Löse alle Aufgaben.

1 · 6 =   6

2 · 6 =

3 · 6 =

4 · 6 =

5 · 6 =

6 · 6 =

7 · 6 =

8 · 6 =

9 · 6 =

10 · 6 =

Emil erntet Möhren. In jeder Reihe stecken 7.
Wie viele sind es insgesamt?

$7 + 7 =$ _____

$2 \cdot 7 =$ _____

$7 + 7 + 7 + 7 =$

$\cdot \; 7 =$

$7 + 7 + 7 =$

$\cdot \; 7 =$

$1 \cdot 7 =$

Löse alle Aufgaben.

$1 \cdot 7 = 7$

$2 \cdot 7 =$

$3 \cdot 7 =$

$4 \cdot 7 =$

$5 \cdot 7 =$

$6 \cdot 7 =$

$7 \cdot 7 =$

$8 \cdot 7 =$

$9 \cdot 7 =$

$10 \cdot 7 =$

Lecker! In jeder Dose befinden sich 9
Würstchen. Wie viele sind es insgesamt?

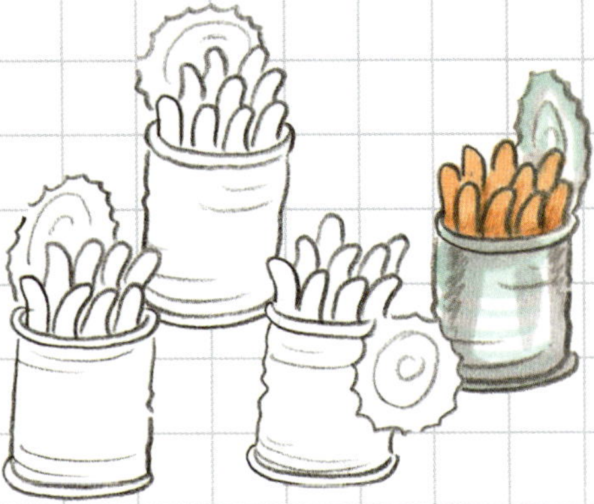

9 + 9 + 9 + 9 =

· 9 =

9 + 9 + 9 =

· 9 =

Löse alle Aufgaben.

$1 \cdot 9 = 9$

$2 \cdot 9 =$

$3 \cdot 9 =$

$4 \cdot 9 =$

$5 \cdot 9 =$

$6 \cdot 9 =$

$7 \cdot 9 =$

$8 \cdot 9 =$

$9 \cdot 9 =$

$10 \cdot 9 =$

Welche Zahlen fehlen? Trage sie ein.

3		1	2
2	1	4	
1	3		4
	2		1

Welche Würfelpunkte fehlen? Zeichne sie ein.

Welche Zahlen fehlen? Trage sie ein.

4	2		
1		2	
	1	4	
2		1	

Da fehlen noch Farbsticker. Klebe sie auf
die passenden Felder.

Welche Farben fehlen? Male die Felder in den passenden Farben an.

Setze die passenden Zahlen ein.

1	3		
2		1	3
	1	3	
3			1

2	4		3
	3	2	4
4	2		
		4	2

Hund, Katze, Igel, Vogel: Welche Tiere fehlen? Klebe die passenden Sticker auf.

Kreis, Dreieck, Rechteck, Quadrat: Welche
Formen fehlen? Klebe die Sticker richtig auf.

Und welche Formen fehlen hier?
Zeichne sie ein.

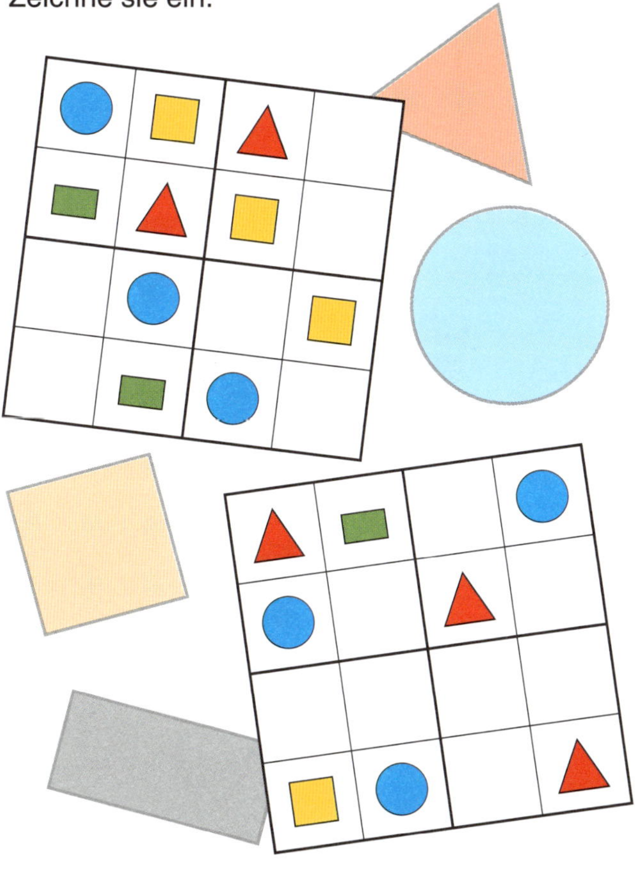

Welches Bild von Linus passt in die freien Felder? Klebe die passenden Sticker auf.

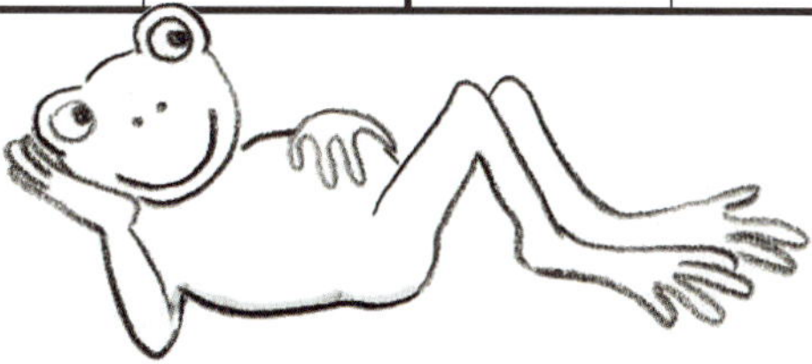

A		C	
	D		
B		D	
D		B	A

A, B, C, D: Welche Buchstaben fehlen?
Trage sie ein.

Welche Hüte fehlen? Klebe die passenden Sticker auf.

Kannst du die Zahlen von 1 bis 6 schreiben?
Fahre die Zahlen mit bunten Farben nach.

1, 2, 3, 4, 5, 6: Welche Zahlen fehlen?
Trage sie ein.

1	5	3	4	2	
4	2			1	5
3	1		6		4
6	4	5	1		2
2			4	5	1
		1	2	4	3

Findest du heraus, welche Zahlen fehlen?
Trage sie ein.

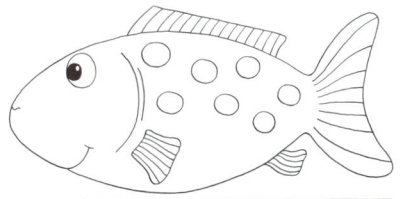

5	4		6		2
6		3	5	1	4
3	6	4		5	1
	5	2	4		3
	1	5		4	
4		6		2	5

Und welche Zahlen fehlen hier? Achte darauf, dass in jeder Reihe, in jeder Spalte und in jedem Rechteck die Zahlen jeweils nur einmal vorkommen.

1	2	3	4	5	6
	5	4	3	2	1
4	3	6	5	1	
2		5	6	3	4
5	6		2	4	
3	4	2	1	6	

Welche Formen fehlen? Zeichne sie ein.

Welche Früchte fehlen? Klebe die passenden
Sticker auf.

A, B, C, D, E, F: Trage die fehlenden
Buchstaben ein.

A	B	C	D	E	F

A	B		D		

A		C			F

Welche Buchstaben fehlen?
Trage sie ein.

A	E	C	D	B	
D	B		C		E
C	A	B	F		D
F		E	A	C	B
	C	D		F	A
E	F		B	D	

Welche Seehunde fehlen? Klebe die
passenden Sticker auf.

1, 2, 3, 4, 5, 6, 7, 8, 9: Trage die fehlenden Zahlen ein.

Spalte 1 (orange):
1
2
3
4
5
6
7
8
9

Spalte 2 (grün):
1
4
5
6
7
9

Spalte 3 (blau):
1
3
4
6
8

Welche Zahlen fehlen? Trage sie ein.

6	1	7	2	9	3	8		5
8		5	1	7	6	3	2	9
3	2	9		5	8	6	1	7
7	6	1		2	9	4	5	8
9	3		8	4	5	1	7	6
5	8	4	6		7	2	9	3
4	5	8	9	3	2	7		1
1	7	6	5		4	9	3	
	9	3	7	6	1	5	8